BEI GRIN MACHT SICH IHR WISSEN BEZAHLT

- Wir veröffentlichen Ihre Hausarbeit,
  Bachelor- und Masterarbeit

- Ihr eigenes eBook und Buch -
  weltweit in allen wichtigen Shops

- Verdienen Sie an jedem Verkauf

Jetzt bei www.GRIN.com hochladen
und kostenlos publizieren

Bibliografische Information der Deutschen Nationalbibliothek:

Die Deutsche Bibliothek verzeichnet diese Publikation in der Deutschen National-bibliografie; detaillierte bibliografische Daten sind im Internet über http://dnb.d-nb.de/ abrufbar.

Impressum:

Copyright © 2019 GRIN Verlag
Druck und Bindung: Books on Demand GmbH, Norderstedt Germany
ISBN: 9783346108012

Dieses Buch bei GRIN:

https://www.grin.com/document/514309

Andreas Schurr, Reinhold Ackermann

Deep Traffic Reinforcement Learning. Steuern eines Fahrzeugs durch eine simulierte Straßenumgebung mit dichtem Verkehr

GRIN Verlag

GRIN - Your knowledge has value

Der GRIN Verlag publiziert seit 1998 wissenschaftliche Arbeiten von Studenten, Hochschullehrern und anderen Akademikern als eBook und gedrucktes Buch. Die Verlagswebsite www.grin.com ist die ideale Plattform zur Veröffentlichung von Hausarbeiten, Abschlussarbeiten, wissenschaftlichen Aufsätzen, Dissertationen und Fachbüchern.

Besuchen Sie uns im Internet:

http://www.grin.com/

http://www.facebook.com/grincom

http://www.twitter.com/grin_com

FOM Hochschule für Ökonomie & Management Essen

Standort Stuttgart

Berufsbegleitender Studiengang zum
IT Management – Wirtschaftsinformatik

5. Semester

Seminararbeit in Big Data & Data Science

Deep Traffic Reinforcement Learning - Steuern eines Fahrzeugs durch eine simulierte Straßenumgebung mit dichtem Verkehr.

Autoren: Reinhold Ackermann

                 Andreas Schurr

Abgabedatum: 28.02.2019

Inhaltsverzeichnis

Abkürzungs-, Abbildungs- und Tabellenverzeichnis

Abkürzungen

Aufl.   Auflage

DTA   Deep Traffic Algorithmus

KI   Künstliche Intelligenz

MIT   Massachusetts Institute of Technology

mph   miles per hour

NPC   Not-Player-Charakter

Abbildungen

Tabellen

1 Einleitung

„Wir stehen am Vorabend einer weiteren mobilen Revolution. In Zukunft werden auto-nome Fahrzeuge aktiv am Straßenverkehr teilnehmen."[1]

Durch die ansteigende Anzahl der Teilnehmer am Straßenverkehr wird es immer voller und enger auf den Straßen Deutschlands. Typischer Wochenbeginn – alle auf dem Weg zur Arbeit - PKWs, LKWs, Busse und an sonnigen Tagen, die Motorradfahrer. An Teilnehmern am Straßenverkehr fehlt es keines Wegs. Bei dichtem Verkehr steigt dadurch des Risikos eines Unfalls oder eines Staus. Mit autonom fahrenden Fahrzeugen wird sich in naher Zukunft einiges ändern – voraussichtlich auch zum Vorteil aller Autofahrer, wie beispielsweise das Erledigen von Aufgaben oder das Vorbereiten auf ein Kundengespräch während der Fahrt.[2] Dem Autofahrer werden Schritt für Schritt mehr und mehr Aufgaben beim Autofahren abgenommen. Aber auch negative Folgeerscheinungen können entstehen.[3] Beispielsweise die Abhängigkeit der Technik und das Vertrauen in das System. Um das autonome Fahren ermöglichen zu können, benötigten die Fahrzeuge viele notwendige Daten. Diese werden beispielsweise von Sensoren, Kameras oder auch Positionierungs-systemen geliefert und in Echtzeit mittels Prozessoren und Kommunikationsschnittstellen anderer Fahrzeuge verarbeiten. Unter anderem ist auch die Verkehrsinfrastruktur ein be-deutender Teil des Ganzen Vorhabens. So müssen die Verkehrsinfrastruktur sowie die Kommunikationsinfrastruktur zusammen harmonieren und mit einander kollaborieren.[4] Hierfür könnte Reinforcement Learning eine entscheidende Rolle beim autonomen Fahren übernehmen.

In den folgenden Abschnitten dieser Arbeit sollen die Themen rund um Reinforcement Learning und ein Praxisbeispiel mit Hilfe von Reinforcement Learning dargestellt werden. Das Praxisbeispiel bezieht sich auf ein simuliertes Verkehrssystem, welches mit Hilfe von Reinforcement Learning selbstständig lernt, ob und wann ein Fahrzeug eigenständig überholen soll.

---

[1] Maurer, M., Gerdes, J.C., Lenz, B., Winner, H. (2015), S. 5
[2] Vgl. Maurer, M., Gerdes, J.C., Lenz, B., Winner, H. (2015), S. 5
[3] Vgl. Maurer, M., Gerdes, J.C., Lenz, B., Winner, H. (2015), S. 6
[4] Vgl. Maurer, M., Gerdes, J.C., Lenz, B., Winner, H. (2015), S. 6

1.1 Problemstellung

„Die technologische Perspektive des autonomen Fahrens ist gleichwohl nur eine Seite der Medaille."[5] Die Wirkungen auf unsere Gesellschaft durch autonomes Fahren können wir nur gegenwärtig erahnen.[6] Dabei entstehen zahlreiche kritische Fragen rund um die Thematik autonomes Fahren und die dazugehörige Technologie und Gesetzeslage:[7]

- Wie wird es um das Thema Datensicherheit bestellt sein?
- Wie werden wir mit weitreichenden Eingriffen in unsere mobile Autonomie umgehen?
- Welche Probleme ergeben sich, wenn ein autonomes Fahrzeug Ländergrenzen überschreitet?
- In welcher Form haften künftig Versicherungen bei Unfällen durch autonome Fahrzeuge?
- Oder umgekehrt gefragt: Dürfen wir überhaupt noch Menschen ans Steuer lassen, sollten Fahrroboter die Sicherheit im Straßenverkehr nachweislich erhöhen?

Deshalb müssen wir uns heute solchen Fragen stellen und diesen tiefgreifenden Wandel der Mobilität nicht einfach als gegeben hinnehmen. Um die ethischen, sozialen, juristischen, psychologischen und verkehrstechnischen Rahmenbedingungen dieses Prozesses anzuleuchten, müssen sich Experten und Wissenschaftler aus verschiedenen Fachbereichen, sich dem Thema annehmen.[8] Ohne eine Art von Entscheidungsethik, wird es dem autonomen Fahren erschwert, sich in der Praxis behaupten zu können.[9] Deshalb gilt es für sogenannte Dilemma-Situationen, in denen eine Abwägung getroffen werden muss, welches Verhalten im Falle einer unvermeidbaren Kollision den beteiligten Personen innerhalb und außerhalb des Fahrzeugs den geringsten Schaden zufügt. Eine weitere Problemstellung ist die Gesetzgebung, wie beispielsweise die Straßenverkehrsordnung, welche Konsequenzen resultieren könnten.[10]

---

[5] Maurer, M., Gerdes, J.C., Lenz, B., Winner, H. (2015), S. 5
[6] Vgl. Maurer, M., Gerdes, J.C., Lenz, B., Winner, H. (2015), S. 5
[7] Entnommen aus: Maurer, M., Gerdes, J.C., Lenz, B., Winner, H. (2015), S. 5
[8] Vgl. Maurer, M., Gerdes, J.C., Lenz, B., Winner, H. (2015), S. 5
[9] Vgl. Maurer, M., Gerdes, J.C., Lenz, B., Winner, H. (2015), S. 6
[10] Vgl. Maurer, M., Gerdes, J.C., Lenz, B., Winner, H. (2015), S. 6

1.2 Zielsetzung

Ziel dieser Arbeit ist es ein grundlegendes Verständnis über Reinforcement Learning zu vermitteln und die Möglichkeiten zu veranschaulichen die Reinforcement Learning bietet. Des Weiteren sollen einige Beispiele wie die Künstliche Intelligenz (KI) arbeitet und welche Algorithmen veranschaulicht werden. Anschließend wird ein Praxisbeispiel anhand eines Verkehrssystems beschrieben, welche die Evaluierung, Implementierung und das Ergebnis darstellen. Im Praxisbeispiel geht es darum, verschiedene Testläufe zu absolvieren, um das bestmögliche Ergebnis zu erzielen, indem verschiedene Testläufe miteinander verglichen werden und die Paramater optimiert werden. Ziel ist es mit Hilfe einer Simulationsumgebung die Parameter des Modells zu optimieren und die Ergebnisse der Testläufe bewerten zu lassen.

1.3 Vorgehensweise

Die vorliegende Arbeit soll zeigen, inwieweit Reinforcement Learning dabei helfen kann, dass Fahrzeuge wie beispielsweise PKWs oder LKWs, autonom im Straßenverkehr selbstständig fahren, bremsen, überholen und parken können. Dabei sollen die Grundlagen rund um Reinforcement Learning erläutert werden und im Praxisteil soll ein Beispiel für ein Verkehrssystem mit Hilfe von Reinforcement Learning veranschaulicht werden.

In Kapitel 2 werden die allgemeinen Grundlagen, Beispiele und Algorithmen zu Reinforcement Learning beschrieben werden. Diese dienen für die weiteren Kapitel als Leitfaden für die Entwicklung eines Algorithmus und einiger Testläufe.

Kapitel 3 widmet sich beispielhaft dem Praxisteil anhand eines Verkehrssystem, welches mit Hilfe von Reinforcement Learning erstellt wurde. Evaluierung, Implementierung und Ergebnis bilden den Aufbau des Kapitels. Dabei werden verschiedenen Testläufe absolviert, um das beste Ergebnis bei den Testdurchläufen zu erzielen. Abschließend wird das eigene beste Ergebnis mit anderen Testläufen von anderen Anwendern verglichen.

Die Schlussbetrachtung in Kapitel 4 schließt die Arbeit anhand einer Zusammenstellung der wichtigsten Erkenntnisse und eines Ausblicks ab.

2 Reinforcement Learning

2.1 Grundlagen

Das verstärkte Lernen (Reinforcement Learning) ist eine von drei Hauptkategorien bei Machine Learning.[11] In diesen Abschnitt wird nur auf Reinforcement Learning näher eingegangen. Machine Learning unterteilt sich in die drei Hauptkategorien: überwachtes Lernen (Supervised Learning), unüberwachtes Lernen (Unsupervised Learning) und verstärktes Lernen (Reinforcement Learning). Zusätzlich unterscheidet man zwischen einem Offline- und Online-Lernsystem.[12] Beim Offline-Lernsystem findet das Lernen von Verhalten zunächst offline statt, also getrennt vom dem Anwendungsszenario. Erst danach wird das Gelernte angewendet und nicht mehr verändert.[13] Im Online-Lernsystem hingegen wird das Verhalten gelernt und verändert und passt sich innerhalb des Anwendungsszenarios beständig an. Veranschaulicht wird das in Abbildung 1, wie gezeigt wird, wo der Unterschied zwischen einem traditionellen Programm und Machine Learning besteht.

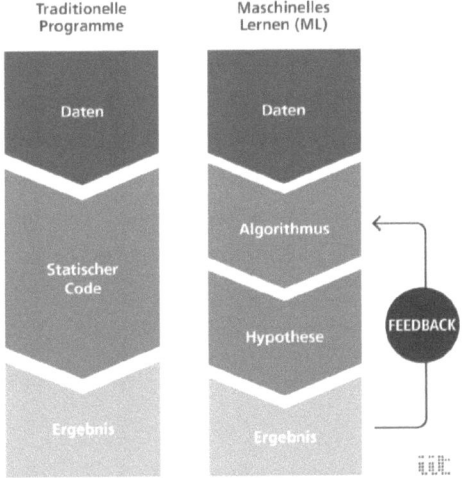

Abbildung 1: Traditionelle Programme vs. Machine Learning[14]

---

[11] Vgl. Wittpahl, V. (2019), S. 24
[12] Vgl. Wittpahl, V. (2019), S. 25
[13] Vgl. Wittpahl, V. (2019), S. 25
[14] Entnommen aus: Wittpahl, V. (2019), S. 25

Beim verstärkten Lernen lernt ein Computerprogramm direkt aus den Erfahrungen.[15] Hier arbeitet das Programm mit seiner Umgebung zusammen und erhält für die richtigen Ergebnisse ein Feedback in Form einer Belohnung. Das Programm ist wie mit einem dressierten Tier zu vergleichen, indem es beispielsweise in einer Spielsituation dafür belohnt wird, wenn es das Spiel gewinnt. Das Lernmuster des Programmes ist der Natur konzeptionell nachgebildet.[16] Das Ziel des Programmes besteht darin, sich die Konsequenzen seiner Handlung zu merken und mit dem erlernten Wissen versucht es, seine Belohnung zu maximieren.[17] Die Belohnung ist dementsprechend die Regelgröße, die in diesem Verfahren optimiert wird.[18] Darüber hinaus geht es beim verstärkten Lernen darum, dass das System neben den richtungsweisenden Belohnungen und Bestrafungen, eigene Lösungen finden muss, die sich deutlich von Menschen erdachten Lösungen unterscheiden können.[19] So entsteht der Unterschied zu den anderen genannten Modellen, dass beim verstärkten Lernen zu Beginn der Lernphase kein optimaler Lösungsweg vorliegt.[20] Das bedeutet, dass das Modell versucht selbstständig den besten Lösungsweg zu finden oder zumindest scheinbar intuitiv zu handeln.[21] Die Situation beim Reinforcement Learning ist schwieriger als bei den anderen Modellen, weil beim verstärkten Lernen keine Trainingsdaten existieren.[22] Das bedeutet, dass die Aufgabe des Modells darin besteht, durch Versuch und Irrtum oder auch Erfolg herauszufinden, welche Aktionen in einem bestimmten Fall gut sind und welche nicht.[23] In vielen Situationen lernen wir Menschen ähnlich. Zum Beispiel wenn ein Kind das aufrechte Gehen lernt, erfolgt dies meist ohne Anleitung, einfach durch Verstärkung.[24] Erfolgreiche Gehversuche werden belohnt und fehlgeschlagene Versuche bestraft, indem das Kind mit schmerzvollen Stürzen hinfällt.

---

[15] Vgl. Wittpahl, V. (2019), S. 29
[16] Vgl. Gentsch, P. (2018), S. 38
[17] Vgl. Gentsch, P. (2018), S. 38
[18] Vgl. Wittpahl, V. (2019), S. 29
[19] Vgl. Gentsch, P. (2018), S. 39
[20] Vgl. Gentsch, P. (2018), S. 38
[21] Vgl. Gentsch, P. (2018), S. 39
[22] Vgl. Ertel, W. (2016), S. 313
[23] Vgl. Ertel, W. (2016), S. 313
[24] Vgl. Ertel, W. (2016), S. 313

2.2 Beispiele

In diesem Abschnitt sollen einige Beispiele zum verstärkten Lernen beschrieben werden, die heute schon bekannt sind. Eines der wohl bekanntesten Beispiele für Reinforcement Learning ist Googles DeepMinds AlphaGo Zero.[25] Hier besiegte das Programm von Google die weltbesten Spieler im asiatischen Brettspiel Go. Für den Sieg verwendete es den Monte Carlo Tree Search Algorithmus zum Erzeugen von Trainingsdaten, Deep Learning zur Bewertung von Brettstellungen und Reinforcement Learning in Spielen des Programms gegen sich selbst zur Verbesserung der Spielstrategie.[26] Ein weiteres Beispiel ist ein Roboterarm der Firma Fanuc. Dort konnte mit Hilfe von verstärktem Lernen der Roboterarm binnen weniger Stunden, ihm bislang unbekannte Objekte sicher greifen und bewegen.[27] Durch das Beispiel von Fanuc, zeigt, dass Reinforcement Learning eine wichtige Rolle in der Zukunft von Automatisierung und Robotik eingenommen hat.[28] Ein drittes Beispiel stammt ebenfalls aus dem Themengebiet der Robotik. Hierbei soll ein Roboter, der aus einem quadratischen Klotz und einem Arm besteht, eine Strategie entwickeln, mit welcher er sich schnellstmöglich vorwärtsbewegen kann.[29] Auch die Daimler AG beschäftigt sich mit Reinforcement Learning und setzt das Modell für autonomes Fahren ein.[30] Lernen durch Verstärkung wird dahingehend verwendet, um den Lernprozess zu verbessern, indem ein Agent die dafür benötigten Trainingsdaten erzeugt.[31] Ein weiteres Beispiel der Firma Daimler, ist die Airbagauslösung in einem Fahrzeug. So setzt sich ein Lernproblem aus der Zuordnung von Sensorwerten zu dem Befehl der Auslösung eines Airbags.[32] Um das Lernproblem in den Griff zu bekommen, wird ein Klassifikator eingesetzt, indem der Klassifikator selbstständig lernt, Unfälle entweder der Klasse auslösen oder nicht auslösen zu zuordnen.[33]

---

[25] Vgl. Gentsch, P. (2018), S. 39
[26] Vgl. Ertel, W. (2016), S. 331
[27] Vgl. Wittpahl, V. (2019), S. 29
[28] Vgl. Wittpahl, V. (2019), S. 29
[29] Vgl. Ertel, W. (2016), S. 314
[30] Vgl. Maurer, M., Gerdes, J.C., Lenz, B., Winner, H. (2015), S. 470
[31] Vgl. Maurer, M., Gerdes, J.C., Lenz, B., Winner, H. (2015), S. 470
[32] Vgl. Maurer, M., Gerdes, J.C., Lenz, B., Winner, H. (2015), S. 471
[33] Vgl. Maurer, M., Gerdes, J.C., Lenz, B., Winner, H. (2015), S. 471

2.3 Algorithmen

Mathematisch gesehen handelt es sich beim verstärkten Lernen um ein dynamisches System aus einem Agenten und seiner Umgebung mit diskreten Zeitschritten ($t = 0,1,2, ...$).[34] Zu jedem Zeitpunkt t ist die Welt in einem Zustand z_t. Das bedeutet der Agent wählt eine Aktion a_t aus. Dann wechselt das System in den Zustand z_{t+1} und der Agent erhält hierfür die Belohnung b_t. In folgender Abbildung wird dies dargestellt.

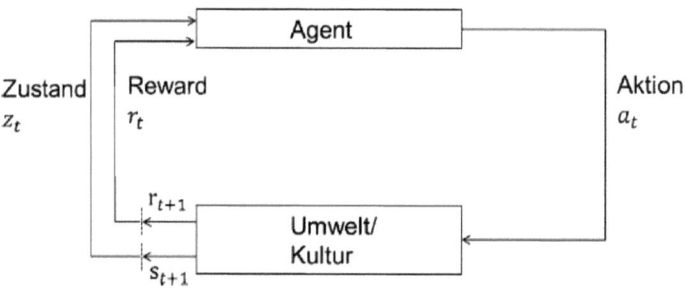

Abbildung 2: Verstärktes Lernen eines Agenten aus seiner Umgebung[35]

Die Strategie des Agenten wird mit π_t bezeichnet, wobei $\pi_t(z,a)$ die Wahrscheinlichkeit ist, dass die Aktion $a_t = a$ ist, falls der Zustand $z_t = z$ ist.[36] Die Algorithmen des verstärkten Lernens bestimmen, wie der Agent seine Strategie aufgrund seiner Erfahrungen verändert.[37] Das Ziel des Agenten ist es dabei, seine Rückmeldungen zu optimieren, damit er sein Ziel erreichen kann. Idealerweise ist ein Agent in einem Zustand, bei dem er alle vergangenen Erfahrungen aufsummiert, die für die Erreichung seines Ziels notwendig sind.[38] Mehr als die vollständige Geschichte von allen vergangenen Wahrnehmungen sind auch nicht notwendig und reichen somit vollkommen aus.[39] „Wenn die Wahrscheinlichkeit eines Zustands nur vom vorausgehenden Zustand und einer vorausgehenden Aktion des Agenten in diesem Zustand abhängt, erfüllt der Entscheidungsprozess die Markov-Eigenschaft."[40]

---

[34] Vgl. Mainzer, K. (2016), S. 119
[35] Entnommen aus: Mainzer, K. (2016), S. 120
[36] Vgl. Mainzer, K. (2016), S. 119
[37] Vgl. Mainzer, K. (2016), S. 119
[38] Vgl. Mainzer, K. (2016), S. 120
[39] Vgl. Mainzer, K. (2016), S. 121
[40] Mainzer, K. (2016), S. 121

Die Markov-Entscheidungsprozesse sind durch die Markov-Eigenschaft bestimmt:[41]

$$P(z_{t+1}, r_{t+1} \mid z_{0:t}, a_{0:t}, b_{0:t}) = P(z_{t+1}, r_{t+1} \mid z_t, a_t)$$

Das Aktionsmodell $P(z_{t+1} \mid z_t, a_t)$ ist die bedingte Wahrscheinlichkeitsverteilung, dass die Welt vom Zustand z_t in den Zustand z_{t+1} übergeht, falls der Agent die Aktion a_t auswählt – r_{t+1} ist die erwartete Belohnung im nächsten Schritt.[42]

Ein weiterer Lernalgorithmus wird mit Hilfe des Satzes von Bayes realisiert. Beim Satz von Bayes lassen sich bedingte Wahrscheinlichkeiten berechnen.[43] D.h. die bedingte Wahrscheinlichkeit P $(A|B)$ von Ereignis A nach Eintreten von Ereignis B ist durch den Quotienten der Wahrscheinlichkeit P $(A \cap B)$ und der Wahrscheinlichkeit P (B) von Ereignis B definiert.[44]

$$P\,(A|B) = \frac{P\,(A \cap B)}{P\,(B)} = \frac{\frac{P\,(A \cap B)}{P\,(A)} \cdot P\,(A)}{P\,(B)} = \frac{P\,(B|A) \cdot P\,(A)}{P\,(B)} {}_{45}$$

Daher besagt der Satz von Bayes

$$P\,(A|B) = \frac{P\,(B|A) \cdot P\,(A)}{P\,(B)},$$

dass die Wahrscheinlichkeit von A nach Eintreten von B berechnet sich aus der bedingten Wahrscheinlichkeit von B unter der Voraussetzung von A und den Wahrscheinlichkeiten P (A) und P (B).[46]

---

[41] Entnommen aus: Mainzer, K. (2016), S. 121
[42] Vgl. Mainzer, K. (2016), S. 121
[43] Vgl. Mainzer, K. (2016), S. 122
[44] Vgl. Mainzer, K. (2016), S. 122
[45] Entnommen aus: Mainzer, K. (2016), S. 122
[46] Vgl. Mainzer, K. (2016), S. 122

3 Praxisbeispiel

3.1 Abgrenzung

Das Beispiel orientiert sich spielerisch an der Problematik, nach welcher sich die Amerikaner, die meiste Zeit im Stau befinden. Die Geschwindigkeit wird in Miles per hour (mph) gemessen. Zudem herrscht eine Höchstgeschwindigkeit von 80 mph, an welcher sich die Fahrzeuge halten müssen.

Der gegebene Quellcode ist kurz und die Codepassagen sind kaum kommentiert, weshalb es sich empfiehlt die direkt verlinkte Dokumentation vor dem programmieren zu lesen. Simuliert ist eine 2D Umgebung, welche eine sieben spurige Straße, eine zufällige Anzahl an weiteren Fahrzeugen sowie die vom Deep Traffic Algorithmus (DTA) gesteuerten Fahrzeuge visualisiert.

Die Not-Player-Charaktere (NPC) fahren eine Geschwindigkeit von durchschnittlich 42 mph bis 47 mph und werden zufällig auf der Strecke simuliert. Die NPCs führen zufällige Spurwechsel durch.

Ziel der vom DTA gesteuerter Fahrzeuge ist es, mit der gefahrenen Durchschnittsgeschwindigkeit möglichst nah an die Höchstgeschwindigkeit zu gelangen. Dies soll durch überholen anderer Fahrzeuge realisiert werden. Die Neuronalen Netze, welche für das Lernen der Maschine verantwortlich sind, sind bereits vom Massachusetts Institute of Technology (MIT) gegeben. Die Verwendung wird ausdrücklich empfohlen. Die Verfasser nutzen die gegeben Funktion für das Deep Learning. Mittels Klicks auf einen Button in der Weboberfläche lässt sich das Modell mit dem optimierten Code trainieren. Im Anschluss lässt sich das Modell evaluieren. Das Ergebnis ist die durchschnittliche gefahrene Geschwindigkeit. In den folgenden Versuchen werden die durch die Verfasser getroffene Optimierungen mittels dem default Code verglichen. Das Ergebnis dient somit als Indikator für die Qualität des Optimierten Codes.

3.2 Beschreibung

Das folgende Beispiel basiert auf dem vom MIT bereitgestellten Deep Learning Algorithmus[47]. Ziel ist es, in einem simulierten 2D Umfeld den Verkehrsfluss mittels Deep Learning zu verstehen und zu optimieren. Die Verfasser haben sich für dieses Beispiel entschieden, da es außer einem Webbrowser keine anderen technischen Hilfsmittel bedarf. Es bietet eine vordefinierte Umgebung, welche für Programmiereinsteiger geeignet ist. Außerdem sind die downloadbaren Codes mittels GitHub repository bereitstellt, welche jedoch nicht genauer betrachtet werden. Im folgenden Abschnitt werden Implementierungen an der Oberfläche vorgenommen, welche zur Verbesserung des Algorithmus und somit zu einem besseren Verkehrsfluss beitragen sollen. Im folgenden Abschnitt werden die Versuche der Verfasser inhaltlich detailliert beschrieben. Das MIT betreibt einen Wettkampf mit einer Rangliste, auf welchem die Programmierer gelistet sind. Ziel ist es, das eigene Fahrzeug an anderen Verkehrsteilnehmern vorbeifahren zu lassen. Die Verfasser haben sich auf der Rangliste listen lassen. Der aktuell im Wettkampf führende ist mit einer Durchschnittsgeschwindigkeit, am 20. Februar 2019, mit 76,60 mph[48] gelistet.

---

[47] Vgl. MIT (2019), Self Driving Cars, https://selfdrivingcars.mit.edu/deeptraffic/
[48] Vgl. MIT (2019), Self Driving Cars, https://selfdrivingcars.mit.edu/deeptraffic-leaderboard/

3.3 Implementierung

Der Sourcecode verfügt über diverse Parameter, mit welchen das Modell trainiert werden kann.

Parameter	Default value	Beschreibung
Side Sensing	0	Gibt die Anzahl der Fahrspuren links sowie Rechts vom Fahrzeug an.
Forward Sensing	1	Gibt die Anzahl der Fahrspuren vor dem Fahrzeug an.
Backward Sensing	0	Gibt die Anzahl der Fahrspuren hinter vom Fahrzeug an.
Temporal Window	3	Gibt die Anzahl der Zeitfenster an. Dient der Schätzung für Spektralmatrizen.
Layers	1	Gibt die Anzahl der neuronalen Schichten an, welche für das Training verwendet werden sollen.
Parameters		Allgemeiner Begriff für die Parametrisierung des Reinforcement Learning Algorithmus.
Training Interations	10.000	Gibt die Anzahl der Training Iterationen an.
Momentum	0,0	Beeinflusst die Lernkurve mittels Schritte am Gradient um das local Minium zu erreichen
Batch Size	64	Gibt die Anzahl der Trainingsbeispiele an, die in einer Iteration verwendet werden.
L2 Decay	0,01	Steuert die Effektivität der Lernrate indem ein Overfitting vermieden wird.
Learning Rate	0,001	Gibt die Lernrate für Iteration an.
Experienzce Size	3.000	Speichert die erforschten Daten in einer Tabelle.
Gamma	0,7	Gibt mindestens eine Richtlinie an, die einem

		Agenten sagt, welche Maß-nahmen unter welchen Umständen zu ergreifen sind.
Number of intelligent Cars/Agents	0	Anzahl der Agenten die selbstständig eine Strategie erlenen um die erhaltene Belohnung zu maximieren.
Epsilon Min	0,0	Gibt die Anzahl von zufälligen Aktionen an. Gibt die Wahrscheinlichkeit der Ausnutzung der empfohlenen Aktion bekannt. Faktor bewegt sich zwischen 0 und 1.
Epsilon Test Time	0,0	Gibt die Exploration Time für den Agenten an.

Tabelle 1: Parameter-Tabelle[49]

Die Variable „Parameters" wird in den folgenden Tabellen entfallen um Overhead zu minimieren. Sie dient nur der Veranschaulichung und hat atomar betrachtet keinen Einfluss auf das Training.

1. Erster Testlauf

   Der erste Testlauf beschränkt sich darauf, die gegebene Basisfunktion sowie die Ergebnisse zu verstehen. Der gegebene Code wurde lediglich trainiert und danach evaluiert. Um die Durchschnittsgeschwindigkeit der Basisfunktion ermitteln zu können, wurden das Modelle jeweils einmal mit dem gegeben Code trainiert und ausgewertet. Die Evaluierung dient dem Ausschluss der Varianz im Code durch öffnen des Beispiels in verschiedenen browserfenstern.

Erste Evaluierung	Zweite Evaluierung	Dritte Evaluierung
51,51 mph	51,51 mph	51,51 mph

Die Durchschnittsgeschwindigkeit bei den drei Evaluierungen ergibt somit 51,51 mph. Dieser Wert wird in den folgenden Versuchen als Referenz sowie Vergleich für die tatsächliche Optimierung dienen.

---

[49] In Anlehnung an: MIT (2019), Self Driving Cars, https://selfdrivingcars.mit.edu/deeptraffic/

2. Zweiter Testlauf

Beim zweiten Testlauf wurden folgende in fett geschriebene Variablen geändert.

Variable	Testlauf 1	Testlauf 2
Side Sensing	0	**2**
Forward Sensing	1	**10**
Backward Sensing	0	**1**
Temporal Window	3	3
Layers	1	1
Training Interations	10.000	10.000
Momentum	0,0	0,0
Batch Size	64	64
L2 Decay	0,01	0,01
Learning Rate	0,001	0,001
Experienzce Size	3.000	3.000
Gamma	0,7	0,7
Number of intelligent Cars/Agents	0	**9**
Epsilon Min	0,0	0,0
Epsilon Test Time	0,0	0,0

Tabelle 2: Testlauf 1 vs. Testlauf 2[50]

Das Modell wurde mit diesen Variablen einmal trainiert sowie einmal evaluiert.

Die Durchschnittsgeschwindigkeit beträgt 61,15 mph.

Vergleich der Durchschnittsgeschwindigkeit von Testlauf 1und Testlauf 2

$$Optimierung1 = Testlauf\ 2 - Testlauf\ 1$$
$$= 61,15\ mph - 51,51\ mph = \textbf{9,64\ mph}$$

---

[50] In Anlehnung an: MIT (2019), Self Driving Cars, https://selfdrivingcars.mit.edu/deeptraffic/

3. Dritter Testlauf

Beim dritten Testlauf wurden folgende in fett geschriebene Variablen geändert.

Variable	Testlauf 2	Testlauf 3
Side Sensing	2	2
Forward Sensing	10	10
Backward Sensing	1	1
Temporal Window	3	3
Layers	1	**2**
Training Interations	10.000	**12.500**
Momentum	0,0	**0,1**
Batch Size	64	64
L2 Decay	0,01	0,01
Learning Rate	0,001	0,001
Experienzce Size	3.000	3.000
Gamma	0,7	0,7
Number of intelligent Cars/Agents	9	**10** (maximum)
Epsilon Min	0,0	0,0
Epsilon Test Time	0,0	0,0

Tabelle 3: Testlauf 2 vs. Testlauf 3[51]

Das Modell wurde mit diesen Variablen einmal trainiert sowie einmal evaluiert. Die Durchschnittsgeschwindigkeit beträgt 61,15 mph.

Vergleich der Durchschnittsgeschwindigkeit von Testlauf 2 und Testlauf 3

$$Optimierung2 = Testlauf\ 3 - Testlauf\ 2$$
$$= 61{,}15\ mph - 61{,}15\ mph = \mathbf{0,0\ mph}$$

Im dritten Testlauf konnte keine Steigerung festgestellt werden.

---

4. Vierter Testlauf

Beim vierten Testlauf wurden folgende in fett geschriebene Variablen geändert.

Variable	Testlauf 3	Testlauf 4
Side Sensing	2	2
Forward Sensing	10	10
Backward Sensing	1	1
Temporal Window	3	**4**
Layers	2	**3**
Training Interations	12.500	12.500
Momentum	0,1	**0,2**
Batch Size	64	64
L2 Decay	0,01	**0,02**
Learning Rate	0,001	**0,0015**
Experienzce Size	3.000	3.000
Gamma	0,7	0,7
Number of intelligent Cars/Agents	10 (maximum)	10 (maximum)
Epsilon Min	0,0	0,0
Epsilon Test Time	0,0	0,0

Tabelle 4: Testlauf 3 vs. Testlauf 4[52]

Das Modell wurde mit diesen Variablen einmal trainiert sowie einmal evaluiert. Die Durchschnittsgeschwindigkeit beträgt 62,71 mph.

Vergleich der Durchschnittsgeschwindigkeit von Testlauf 3 und Testlauf 4

$$Optimierung3 = Testlauf\ 4 - Testlauf\ 3$$
$$= 62,71\ mph - 61,15\ mph = \mathbf{1,56\ mph}$$

Im vierten Testverlauf konnte eine Steigerung von 1,56 mph festgestellt werden.

---

[52] In Anlehnung an: MIT (2019), Self Driving Cars, https://selfdrivingcars.mit.edu/deeptraffic/

5. Fünfter Testlauf

Beim fünften Testlauf wurden folgende in fett geschriebene Variablen geändert.

Variable	Testlauf 4	Testlauf 5
Side Sensing	2	2
Forward Sensing	10	10
Backward Sensing	1	1
Temporal Window	4	4
Layers	3	**4**
Training Interations	12.500	12.500
Momentum	0,2	0,2
Batch Size	64	64
L2 Decay	0,02	0,02
Learning Rate	0,0015	0,0015
Experienzce Size	3.000	3.000
Gamma	0,7	0,7
Number of intelligent Cars/Agents	10 (maximum)	10 (maximum)
Epsilon Min	0,0	0,0
Epsilon Test Time	0,0	0,0

Tabelle 5: Testlauf 4 vs. Testlauf 5[53]

Das Modell wurde mit diesen Variablen einmal trainiert sowie einmal evaluiert.

Die Durchschnittsgeschwindigkeit beträgt 58,29 mph.

Vergleich der Durchschnittsgeschwindigkeit von Testlauf 4 und Testlauf 5

$$Optimierung4 = Testlauf\ 5 - Testlauf\ 4$$
$$= 58,29\ mph - 62,71\ mph = -4,42\ mph$$

Im fünften Testverlauf konnte eine negative Optimierung von -4,42 mph festgestellt werden. Somit wurde im fünften Testverlauf das Training des Modells verschlechtert.

---

[53] In Anlehnung an: MIT (2019), Self Driving Cars, https://selfdrivingcars.mit.edu/deeptraffic/

6. Sechster Testverlauf

Da der fünfte Testverlauf eine Verschlechterung des Modells bedeutet hat, wird für den sechsten Testverlauf die Parametrisierung des bisher besten Trainings, des vierten Testverlaufs, benutzt.

Beim sechsten Testlauf wurden folgende in fett geschriebene Variablen geändert.

Variable	Testlauf 4	Testlauf 6
Side Sensing	2	2
Forward Sensing	10	10
Backward Sensing	1	1
Temporal Window	3	**5**
Layers	2	**3**
Training Interations	12.500	**15.000**
Momentum	0,1	0,1
Batch Size	64	64
L2 Decay	0,01	0,01
Learning Rate	0,001	0,001
Experienzce Size	3.000	**3.200**
Gamma	0,7	0,7
Number of intelligent Cars/Agents	10 (maximum)	10 (maximum)
Epsilon Min	0,0	0,0
Epsilon Test Time	0,0	0,0

Tabelle 6: Testlauf 4 vs. Testlauf 6[54]

Das Modell wurde mit diesen Variablen einmal trainiert sowie einmal evaluiert. Die Durchschnittsgeschwindigkeit beträgt exakt 62,8 mph.

Vergleich der Durchschnittsgeschwindigkeit von Testlauf 4 und Testlauf 6

$$Optimierung5 = Testlauf\ 6 - Testlauf\ 4$$
$$= 62,8\ mph - 62,71\ mph = \mathbf{0,09\ mph}$$

Im sechsten Testverlauf konnte eine Optimierung von 0,09 mph festgestellt werden.

---

[54] In Anlehnung an: MIT (2019), Self Driving Cars, https://selfdrivingcars.mit.edu/deeptraffic/

7. Siebter Testlauf

Da der sechste Testverlauf eine Steigerung des bisher besten Trainings bedeutet hat, wird für den siebten Testverlauf wieder die Parametrisierung des vorherigen Testverlaufs optimiert.

Beim siebten Testlauf wurden folgende in fett geschriebene Variablen geändert.

Variable	Testlauf 6	Testlauf 7
Side Sensing	2	2
Forward Sensing	10	10
Backward Sensing	1	1
Temporal Window	5	**6**
Layers	3	3
Training Interations	15.000	**17.500**
Momentum	0,1	0,1
Batch Size	64	64
L2 Decay	0,01	0,01
Learning Rate	0,001	0,001
Experienzce Size	3.200	**3.500**
Gamma	0,7	0,7
Number of intelligent Cars/Agents	10 (maximum)	10 (maximum)
Epsilon Min	0,0	0,0
Epsilon Test Time	0,0	0,0

Tabelle 7: Testlauf 6 vs. Testlauf 7[55]

Das Modell wurde mit diesen Variablen einmal trainiert sowie einmal evaluiert. Die Durchschnittsgeschwindigkeit beträgt 63,71 mph.

Vergleich der Durchschnittsgeschwindigkeit von Testlauf 6 und Testlauf 7

$$Optimierung6 = Testlauf\ 7 - Testlauf\ 6$$
$$= 63,71\ mph - 62,8\ mph = \mathbf{0,91\ mph}$$

Im siebten Testverlauf konnte eine Optimierung von 0,91 mph festgestellt werden.

---

[55] In Anlehnung an: MIT (2019), Self Driving Cars, https://selfdrivingcars.mit.edu/deeptraffic/

8. Achter Testverlauf

Beim achten Testlauf wurden folgende in fett geschriebene Variablen geändert.

Variable	Testlauf 7	Testlauf 8
Side Sensing	2	2
Forward Sensing	10	10
Backward Sensing	1	1
Temporal Window	6	6
Layers	3	3
Training Interations	17.500	**20.000**
Momentum	0,1	0,1
Batch Size	64	64
L2 Decay	0,01	0,01
Learning Rate	0,001	0,001
Experienzce Size	3.500	**3.750**
Gamma	0,7	0,7
Number of intelligent Cars/Agents	10 (maximum)	10 (maximum)
Epsilon Min	0,0	0,0
Epsilon Test Time	0,0	0,0

Tabelle 8: Testlauf 7 vs. Testlauf 8[56]

Das Modell wurde mit diesen Variablen einmal trainiert sowie einmal evaluiert. Die Durchschnittsgeschwindigkeit beträgt 64,29 mph.

Vergleich der Durchschnittsgeschwindigkeit von Testlauf 7 und Testlauf 8

$$Optimierung7 = Testlauf\ 8 - Testlauf\ 7$$
$$= 64,29\ mph - 63,71\ mph = \mathbf{0,58\ mph}$$

Im achten Testverlauf konnte eine Optimierung von 0,58 mph festgestellt werden.

---

[56] In Anlehnung an: MIT (2019), Self Driving Cars, https://selfdrivingcars.mit.edu/deeptraffic/

9. Neunter Testlauf

Beim neunten Testlauf wurden folgende in fett geschriebene Variablen geändert.

Variable	Testlauf 8	Testlauf 9
Side Sensing	2	2
Forward Sensing	10	10
Backward Sensing	1	1
Temporal Window	6	**7**
Layers	3	3
Training Interations	17.500	17.500
Momentum	0,1	**0,2**
Batch Size	64	**128**
L2 Decay	0,01	**0,02**
Learning Rate	0,001	**0,002**
Experienzce Size	3.500	3.500
Gamma	0,7	0,7
Number of intelligent Cars/Agents	10 (maximum)	10 (maximum)
Epsilon Min	0,0	0,0
Epsilon Test Time	0,0	0,0

Tabelle 9: Testlauf 8 vs. Testlauf 9[57]

Das Modell wurde mit diesen Variablen einmal trainiert sowie einmal evaluiert. Die Durchschnittsgeschwindigkeit beträgt 69,75 mph.

Vergleich der Durchschnittsgeschwindigkeit von Testlauf 7 und Testlauf 8

$$Optimierung 8 = Testlauf\ 9 - Testlauf\ 8$$
$$= 69,75\ mph - 64,29\ mph = \mathbf{5,24\ mph}$$

Im neunten Testverlauf konnte eine Optimierung von 5,24 mph festgestellt werden.

---

[57] In Anlehnung an: MIT (2019), Self Driving Cars, https://selfdrivingcars.mit.edu/deeptraffic/

10. Zehnter Testlauf

Beim zehnten Testlauf wurden folgende in fett geschriebene Variablen geändert.

Variable	Testlauf 9	Testlauf 10
Side Sensing	2	2
Forward Sensing	10	10
Backward Sensing	1	1
Temporal Window	7	7
Layers	3	3
Training Interations	17.500	17.500
Momentum	0,2	0,2
Batch Size	128	128
L2 Decay	0,02	0,02
Learning Rate	0,002	0,002
Experienzce Size	3.500	3.500
Gamma	0,7	0,7
Number of intelligent Cars/Agents	10 (maximum)	10 (maximum)
Epsilon Min	0,0	**0,2**
Epsilon Test Time	0,0	**0,2**

Tabelle 10: Testlauf 9 vs. Testlauf 10[58]

Das Modell wurde mit diesen Variablen einmal trainiert sowie einmal evaluiert. Die Durchschnittsgeschwindigkeit beträgt 70,68 mph.

Vergleich der Durchschnittsgeschwindigkeit von Testlauf 9 und Testlauf 10

$$Optimierung 9 = Testlauf\ 10 - Testlauf\ 9$$

$$= 70,68\ mph - 69,53\ mph = \mathbf{1,15\ mph}$$

Im zehnten Testverlauf konnte eine Optimierung von 1,15 mph festgestellt werden.

---

[58] In Anlehnung an: MIT (2019), Self Driving Cars, https://selfdrivingcars.mit.edu/deeptraffic/

11. Beim elften Testlauf wurden folgende in fett geschriebene Variablen geändert.

Variable	Testlauf 10	Testlauf 11
Side Sensing	2	2
Forward Sensing	10	10
Backward Sensing	1	1
Temporal Window	7	7
Layers	3	3
Training Interations	17.500	17.500
Momentum	0,2	0,2
Batch Size	128	128
L2 Decay	0,02	0,02
Learning Rate	0,002	0,002
Experienzce Size	3.500	3.500
Gamma	0,7	0,7
Number of intelligent Cars/Agents	10 (maximum)	10 (maximum)
Epsilon Min	0,2	**0,25**
Epsilon Test Time	0,2	0,2

Tabelle 11: Testlauf 10 vs. Testlauf 11[59]

Das Modell wurde mit diesen Variablen einmal trainiert sowie einmal evaluiert.

Die Durchschnittsgeschwindigkeit beträgt 71 mph.

Vergleich der Durchschnittsgeschwindigkeit von Testlauf 10 und Testlauf 11

$$Optimierung10 = Testlauf\ 11 - Testlauf\ 10$$

$$= 71\ mph - 70,68\ mph = \mathbf{0,32\ mph}$$

Im elften Testverlauf konnte eine Optimierung von 0,32 mph festgestellt werden.

---

[59] In Anlehnung an: MIT (2019), Self Driving Cars, https://selfdrivingcars.mit.edu/deeptraffic/

12. Beim zwölften Testlauf wurden folgende in fett geschriebene Variablen geändert.

Variable	Testlauf 11	Testlauf 12
Side Sensing	2	2
Forward Sensing	10	10
Backward Sensing	1	1
Temporal Window	7	7
Layers	3	3
Training Interations	17.500	17.500
Momentum	0,2	0,2
Batch Size	128	128
L2 Decay	0,02	0,02
Learning Rate	0,002	0,002
Experienzce Size	3.500	3.500
Gamma	0,7	0,7
Number of intelligent Cars/Agents	10 (maximum)	10 (maximum)
Epsilon Min	0,2	**0,28**
Epsilon Test Time	0,2	0,2

Tabelle 12: Testlauf 11 vs. Testlauf 12[60]

Das Modell wurde mit diesen Variablen einmal trainiert sowie einmal evaluiert.
Die Durchschnittsgeschwindigkeit beträgt 63,44 mph.

Vergleich der Durchschnittsgeschwindigkeit von Testlauf 12 und Testlauf 11

$$Optimierung 11 = Testlauf\ 12 - Testlauf\ 11$$

$$= 63,44\ mph - 71,8\ mph = -8,36\ mph$$

Im elften Testverlauf konnte eine negative Optimierung von 8,36 mph festgestellt werden.

---

[60] In Anlehnung an: MIT (2019), Self Driving Cars, https://selfdrivingcars.mit.edu/deeptraffic/

13. Da der zwölfte Testverlauf eine Verschlechterung des Modells bedeutet hat, wird
    für den dreizehnten Testverlauf die Parametrisierung des bisher besten Trainings,
    des elften Testverlaufs, benutzt.
    Beim dreizehnten Testlauf wurden folgende in fett geschriebene Variablen geän-
    dert.

Variable	Testlauf 11	Testlauf 13
Side Sensing	2	2
Forward Sensing	10	10
Backward Sensing	1	1
Temporal Window	7	7
Layers	3	3
Training Interations	17.500	17.500
Momentum	0,2	0,2
Batch Size	128	128
L2 Decay	0,02	0,02
Learning Rate	0,002	0,002
Experienzce Size	3.500	3.500
Gamma	0,7	0,7
Number of intelligent Cars/Agents	10 (maximum)	10 (maximum)
Epsilon Min	0,25	**0,18**
Epsilon Test Time	0,2	**0,09**

Tabelle 13: Testlauf 11 vs. Testlauf 13[61]

Das Modell wurde mit diesen Variablen einmal trainiert sowie einmal evaluiert.
Die Durchschnittsgeschwindigkeit beträgt 71,56 mph.
Vergleich der Durchschnittsgeschwindigkeit von Testlauf 13 und Testlauf 11

$$Optimierung 12 = Testlauf\ 13 - Testlauf\ 11$$

$$= 71{,}56\ mph - 71\ mph = \mathbf{0,56\ mph}$$

Im dreizehnten Testverlauf konnte eine Optimierung von 0,56 mph festgestellt
werden.

---

[61] In Anlehnung an: MIT (2019), Self Driving Cars, https://selfdrivingcars.mit.edu/deeptraffic/

14. Beim vierzehnten Testlauf wurden folgende in fett geschriebene Variablen geändert.

Variable	Testlauf 13	Testlauf 14
Side Sensing	2	2
Forward Sensing	10	10
Backward Sensing	1	1
Temporal Window	7	7
Layers	3	3
Training Interations	17.500	17.500
Momentum	0,2	0,2
Batch Size	128	128
L2 Decay	0,02	0,02
Learning Rate	0,002	0,002
Experienzce Size	3.500	3.500
Gamma	0,7	0,7
Number of intelligent Cars/Agents	10 (maximum)	10 (maximum)
Epsilon Min	0,28	0,28
Epsilon Test Time	0,2	**0,14**

Tabelle 14: Testlauf 13 vs. Testlauf 14[62]

Das Modell wurde mit diesen Variablen einmal trainiert sowie einmal evaluiert.

Die Durchschnittsgeschwindigkeit beträgt 70,14 mph.

Vergleich der Durchschnittsgeschwindigkeit von Testlauf 14 und Testlauf 13

$$Optimierung 13 = Testlauf\ 14 - Testlauf\ 13$$

$$= 70,14\ mph - 71,56\ mph = -1,42\ mph$$

Im vierzehnten Testverlauf konnte eine negative Optimierung von 1,42 mph festgestellt werden.

---

[62] In Anlehnung an: MIT (2019), Self Driving Cars, https://selfdrivingcars.mit.edu/deeptraffic/

15. Da der vierzehnte Testverlauf eine Verschlechterung des Modells bedeutet hat, wird für den fünfzehnten Testverlauf die Parametrisierung des bisher besten Trainings, des dreizehnten Testverlaufs, benutzt.

Beim fünfzehnten Testlauf wurden folgende in fett geschriebene Variablen geändert.

Variable	Testlauf 14	Testlauf 15
Side Sensing	2	2
Forward Sensing	10	10
Backward Sensing	1	1
Temporal Window	7	7
Layers	3	3
Training Interations	17.500	17.500
Momentum	0,2	0,2
Batch Size	128	128
L2 Decay	0,02	0,02
Learning Rate	0,002	0,002
Experienzce Size	3.500	3.500
Gamma	0,7	0,7
Number of intelligent Cars/Agents	10 (maximum)	10 (maximum)
Epsilon Min	0,28	**0,36**
Epsilon Test Time	0,2	**0,27**

Tabelle 15: Testlauf 14 vs. Testlauf 15[63]

Das Modell wurde mit diesen Variablen einmal trainiert sowie einmal evaluiert.

Die Durchschnittsgeschwindigkeit beträgt 66,6 mph.

Vergleich der Durchschnittsgeschwindigkeit von Testlauf 15 und Testlauf 14

$$Optimierung\,14 = Testlauf\,15 - Testlauf\,14$$

$$= 66,6\,mph - 71,56\,mph = -4,96\,mph$$

Im fünfzehnten Testverlauf konnte eine negative Optimierung von 4,96 mph referenziert zur besten festgestellt werden.

Von den letzten vier Testverläufen konnte nur einer eine positive Optimierung der Durchschnittsgeschwindigkeit erzielen. Die Verfasser beenden damit ihre Tests.

---

[63] In Anlehnung an: MIT (2019), Self Driving Cars, https://selfdrivingcars.mit.edu/deeptraffic/

3.4 Ergebnis

Die Ergebnisse der Testläufe werden in folgendem Balkendiagramm visualisiert.

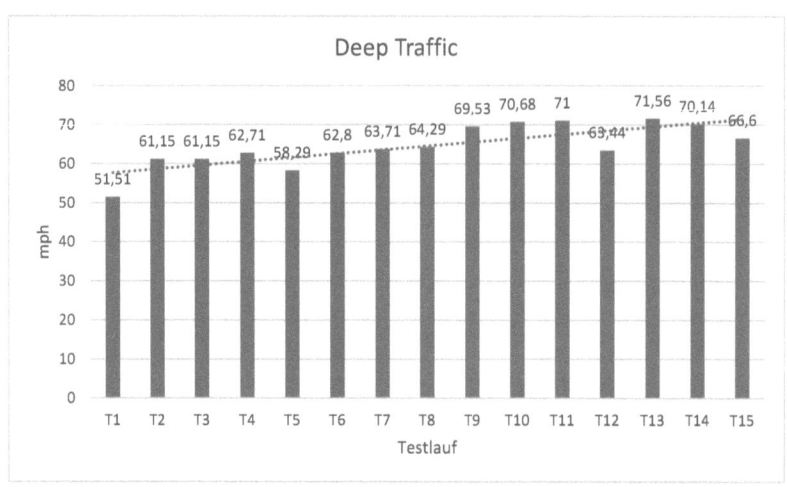

Abbildung 3: Ergebnisse in Balkendiagramm-Darstellung[64]

Die y-Achse visualisiert die Geschwindigkeit. Auf der x-Achse sind in numerischer Reihenfolge die Testläufe mit dem Ergebnis der Geschwindigkeit dargestellt.
Ebenfalls zu sehen ist eine lineare Trendlinie, welche einen stetigen Anstieg der Durchschnittsgeschwindigkeit verdeutlicht. Beim fünften, zwölften, vierzehnten und beim letzten Versuch ist ein Einbruch der Durchschnittsgeschwindigkeit zu erkennen. Der negative Trend konnte jeweils durch den direkt folgenden Testlauf optimiert und die Durchschnittsgeschwindigkeit sogar verbessert werden. Die Ausnahme bildet der vierzehnte Testlauf. Jener konnte nicht durch den direkt folgenden Testlauf optimiert werden, da dieser sogar noch schlechter ist und weitere Testläufe nicht durchgeführt wurden.
Die Verfasser trennen 5,04 mph vom Ranglistenführenden. Das von den Verfassern trainierte Modell hat es nicht in die Top 10 geschafft.
Verschiedene Modelle wurden beim MIT zur Evaluierung eingereicht. Das beste Ergebnis ist in Abbildung 4 dargestellt.

---

[64] eigene Darstellung (2019)

User Info

Email: andreas.michael.schurr@gmail.com

Highest Average Speed (DeepTraffic v2.0): 71.56

Highest Average Speed (DeepTraffic v1.1):

Visualization: Visualization of Your Best Performing System

Submission History

SUBMISSION TIME (UTC)	EVALUATION STATUS	MPH
2019-02-24 10:45:23	completed	71.56

Abbildung 4: Submission History[65]

Gegeben ist ein Ausschnitt, welcher die von den Verfassern erreichte Höchstgeschwindigkeit zeigt.

---

[65] Entnommen aus: MIT (2019), Self Driving Cars, https://selfdrivingcars.mit.edu/deeptraffic/

4 Schlussbetrachtung

In unserer modernen Gesellschaft ist es mittlerweile Standard mehr als nur einen Transportweg zur Verfügung zu haben über welche beispielsweise Güter und Personen ihren Zielort erreichen können. In Deutschland nutzt immer noch jeder zweite[66] den eigenen PKW um von der Wohnung zur Arbeit zu gelangen. Der eigene Sitz, die persönliche Radioeinstellung oder die Bequemlichkeit gegenüber den öffentlichen Verkehrsmitteln lassen beispielsweise die Stuttgarter im Jahr 2018 rund 108[67] Stunden im Stau stehen. Nicht nur Pendler sind vom Stau betroffen, Dienstleister aller Art stehen auf den Straßen. Im Jahr 2018 kam es zu rund 2,6 Millionen[68] durch die Polizei erfassten Verkehrsunfälle, wovon 3.180 Personen ums Leben kamen. Die sich aus den Aspekten der eigenen Bequemlichkeit sowie der Sicherheit im Straßenverkehr herauskristallisierende Kernfrage ist, wie die heutige und zukünftige Technik Menschenleben retten und einen reibungslosen Verkehrsfluss unterstützen kann. Wie am Praxisbeispiel zu sehen, versuchen sich Bildungseinrichtungen der Frage anzunehmen.

Hierbei wird versucht, mit dem eigenen Auto auf einer vielbefahrenen Straße die anderen Verkehrsteilnehmer ohne Unfall zu überholen. Auch wenn sich dieses 2D Szenario nicht unverändert auf die komplexe, reale Welt transferieren lässt, greift es spielerisch eine mögliche Lösung auf: selbstfahrende Verkehrsmittel. Hilfreich wären also Systeme, welche beim Fahren unterstützen oder komplett die Steuerung des Wagens übernehmen. Zudem ist zu differenzieren, handelt es sich um ein autonom fahrendes „Taxi", was bedeuten würde, dass Eingreifen von den mitfahrenden Personen nicht gewollt ist. Oder es sich um das eigene autonome Fahrzeug handelt aber trotzdem auf eine Person angewiesen ist, die bei Eintreten einer extremen Situation eingreifen muss. Hierbei müssen natürlich vorangig vielerlei Sicherheitsaspekte berücksichtigt werden. Die Technik muss verlässlich sein, folgenschwere Reaktionen des autonomen Fahrzeugs müssen ausgeschlossen werden können. Die sich im Fahrzeug befindenden Insassen müssen genau so sicher sein, wie

---

[66] Vgl. n-tv (2014), Täglich 60 Minuten unterwegs, https://www.n-tv.de/panorama/Jeder-Zweite-faehrt-mit-dem-Pkw-zur-Arbeit-article12550201.html

[67] Vgl. Stuttgarter-Nachrichten (2019), Stuttgart ist nicht mehr Stauhauptstadt, https://www.stuttgarter-nachrichten.de/inhalt.108-stunden-stillstand-stuttgart-ist-nicht-mehr-stauhauptstadt.5bb69dad-3741-46e0-82fe-403152793d96.html

[68] Vgl. Destatis (o. J.), Verkehrsunfälle, https://www.destatis.de/DE/ZahlenFakten/Wirtschaftsbereiche/TransportVerkehr/Verkehrsunfaelle/Verkehrsunfaelle.html

andere Verkehrsteilnehmer oder Passanten. Ebenfalls sind ethische, juristische und psychologische Fragen zu berücksichtigen, die eintreten können, wenn ein Unfall nicht verhindert werden kann. Sind diese Aspekte allerdings beseitigt, können die Vorteile von autonomen Fahrzeugen nicht von der Handgewiesen werden. Auf dem Transportweg wären beispielsweise Speditionen nicht mehr auf die gesetzliche Pausenregel angewiesen, der autonom fahrende LKW kann auch ohne Pause die Güter zum Zielort bringen. Moderne Navigationssysteme wissen sogar wo sich die nächste Tankstelle befindet, diesen Punkt müsste der LKW nur noch ansteuern. Im öffentlichen Nah- oder Fernverkehr könnten Züge die Passagiere von Station zu Station als auch Güter vollkommen autonom transportieren. Transportzeiten könnten minimiert werden. Das autonom fahrende private Fahrzeug könnte ebenfalls vielerlei Vorteile mit sich bringen. Der Kaffee sowie die Zeitung am morgen können bequem im eigenen PKW konsumiert werden, während das Automobil selbstständig zur Arbeit fährt. Routen auf dem Weg könnten ständig optimiert werden und Staus umfahren werden, falls überhaupt noch Staus entstehen, wenn alle motorisierten Verkehrsteilnehmer autonom unterwegs sind.

Die Fahrt zum Supermarkt, Werkstatt, zum Arzt oder andere Personen auf dem könnten bequem und in privater Atmosphäre stattfinden. Alltägliche Vorhaben könnten einfacher und bequemer bewältigt werden. Von den genannten Vorteilen profitieren ebenso lange Fahrten. Egal ob die entfernte Verwandtschaft besuchen, der Familien Ausflug oder lange Urlaubstrip. Das autonome Fahrzeug bringt die Insassen an ihr Ziel, während jene Personen derweil komplett andere Aktivitäten innerhalb des Fahrzeugs durchführen können ohne sich auf den Verkehr konzentrieren zu müssen. Von Kartenspielen bis hin zum schlafen während der Fahrt, viele Dinge wären denkbar, denn das autonome Fahrzeug könnte sich frühestens bei der nächsten Tankstelle bemerkbar machen. Das selbstständig fahrende Automobil könnte also den Lebensstandard heben.

Neben den bisher angesprochenen sicherheits- und den ethnischen Aspekten kommt nun ein weiterer hinzu: mögliche steigende Arbeitslosigkeit. Weder Speditionen, Taxiunternehmen noch Bahngesellschaften wären weiterhin auf eine Großzahl ihres Personals angewiesen, das Fahrzeug fährt autonom. Methodiken müssen also entwickelt werden, welche die Bedürfnisse aufgreifen und alle Aspekte erfüllen.

Das Geschäftsmodell des selbstfahrenden Automobils sollte auch so gewählt werden, sodass keine Individuen um ihren Job verlieren. Ist dies alles gegeben, könnten autonome Fahrzeuge die Lebensqualität steigern und den Menschen völlig neue Möglichkeiten bieten.

Literaturverzeichnis

Monographien

Ertel, Wolfgang (2016): Grundkurs Künstliche Intelligenz, 4. Aufl., Wiesbaden: Springer Vieweg Verlag

Gentsch, Peter (2018): Künstliche Intelligenz für Sales, Marketing und Service, 1. Aufl., Wiesbaden: Springer Gabler Verlag

Mainzer, Klaus (2016): Künstliche Intelligenz – Wann übernehmen die Maschinen?, 1. Aufl., Berlin-Heidelberg: Springer Verlag

Wittpahl, Volker (2019): Künstliche Intelligenz, 1. Aufl., Berlin: Springer Verlag

Sammelwerke

Maurer, Markus, Gerdes, J. Christian, Lenz, Barbara, Winner, Hermann (2015): Autonomes Fahren, 1. Aufl., Berlin-Heidelberg: Springer Verlag

Internetquellen

Destatis (o. J.), Verkehrsunfälle, https://www.destatis.de/DE/ZahlenFakten/Wirtschaftsbereiche/TransportVerkehr/Verkehrsunfaelle/Verkehrsunfaelle.html, Abruf: 24.02.2019

MIT (2019), Self Driving Cars, https://selfdrivingcars.mit.edu/deeptraffic/, Abruf: 18.02.2019

n-tv (2014), Täglich 60 Minuten unterwegs, https://www.n-tv.de/panorama/Jeder-Zweite-faehrt-mit-dem-Pkw-zur-Arbeit-article12550201.html, Abruf: 20.02.2019

Stuttgarter-Nachrichten (2019), Stuttgart ist nicht mehr Stauhauptstadt, https://www.stuttgarter-nachrichten.de/inhalt.108-stunden-stillstand-stuttgart-ist-nicht-mehr-stauhauptstadt.5bb69dad-3741-46e0-82fe-403152793d96.html, Abruf: 22.02.2019